De la economía a la evolución

Liderando desde la conciencia

La Economía de la prosperidad y la evolución
EPE

Metodología PEISH®

Por:

Maria Alexandra Suárez Ríos

De la economía a la evolución. "Liderando desde la conciencia"

La Economía de la prosperidad y la evolución EPE-Metodología PEISH ®

Autora: Maria Alexandra Suárez Ríos

www.mariaalexandra.suarezrios.com

Colaboraciones:

Edición Contenido: Monica Mendieta

Corrección de Estilo: Silvia Vanegas de Arciniegas

Diseño gráfico: Luisa Fernanda Sarmiento

Foto Autor Portada: Diego Castro Carvajal

Primera edición: diciembre de 2020, Bogotá, Colombia.

Impresión: Amazon

Sello: Independently Published

ISBN: 979 857 248 464 9

Citar: Suarez-Ríos, Ma. A. (2020) De la economía a la evoluciónLiderando desde la conciencia, Amazon, Independently Published

© 2020, Maria Alexandra Suárez Ríos.

©Todos los derechos reservados.

La economía estudia cómo llevarnos a un mayor bienestar; sin embargo, si deseamos que nuestra humanidad exista y permanezca, debemos pensar en evolucionar e incrementar nuestro nivel de conciencia.

María Alexandra Suárez Ríos

Este libro está dedicado a todos los que pensamos en que la evolución de conciencia sí tiene que ver con la vida material y que podemos cambiar el mundo. Solo un salto de conciencia y acciones responsables nos van a llevar a un futuro próspero.

Siendo mi mamá la inspiración de mi forma de vida, a Stella Ríos de Suárez por enseñarme: *"Que todo se puede"*

A mi familia, mi padre, mis hermanos, mis sobrinos y cuñados, gracias por alentarme siempre. De manera especial a mi esposo por su apoyo incondicional y a mi hijo que es el amor hecho vida.

María Alexandra Suárez Ríos

Tabla de contenidos:

1. La Economía de la prosperidad y la evolución EPE .. 23
   - 1.1. Modelo EPE 23
   - 1.1.1. Supuestos 34
   - 1.1.2. Lo que buscamos 39
2. Evolución 44
   - 2.1. Crecimiento evolutivo por medio del crecimiento espiritual o del entendimiento de la evolución 47
   - 2.2. La importancia del crecimiento personal y espiritual para la sociedad. 52
   - 2.3. Ego y Ser 56
   - 2.4. Correspondencias 63
   - 2.5. Evolución 67
3. Nueva tierra 69
   - 3.1. La mujer como factor evolutivo 69
   - 3.2. La niñez es un tesoro 87
   - 3.3. Prosperidad y vejez 99
   - 3.4. Cambios en el enfoque económico 105
   - 3.5 Liderando desde la conciencia 110

De la economía a la evolución

Por: Suarez-Ríos, Maria Alexandra

Evolucionar hacia la economía de la prosperidad permitirá mayor equidad, bienestar y prosperidad a la sociedad, a partir de crear conciencia y establecer las bases para construir políticas y acciones que nos lleven a ser un país más familiarmente responsable y más equitativo. Inpirada en promover la creación de una economía más responsable con el planeta tierra y buscando ser sostenibles y sustentables, propongo dejar la era del Ego y de las acciones individualistas. Debemos pasar a crear una era de evolución basada en el crecimiento espiritual de todos los seres humanos, para que nuestra especie deje de ser una especie ubicada en los primeros niveles de conciencia. El despertar espiritual debe poder permear la economía y la forma de relacionarnos.

Esta es una apuesta por un cambio sustancial, un cambio que nos lleva a ser una especie que busca y promueve paz y prosperidad, en la que los egos no gobiernen el destino del planeta. Que logremos crear un camino que apoye a los individuos y a las familias como eje central del desarrollo sostenido y sustentable.

Es la forma en la que veo la vida: Unir la economía con la espiritualidad, con el crecimiento de humano, a través de crear un mayor nivel de conciencia. Es un regalo de la vida ser economista y humanista y, aún más, desde la visión holística, poder crear espacios para cambiar la realidad de todos.

PALABRAS CLAVE: Equidad, familias, economía, prosperidad, bienestar

Prefacio:

La economía y el crecimiento espiritual parecen dos corrientes muy distintas y disimiles. No obstante, tanto la economía como el crecimiento espiritual buscan en su base el desarrollo de las sociedades con los recursos que tenemos, con el fin de crear prosperidad. Por lo tanto, es imperativo mostrar al mundo una nueva forma de concebir el crecimiento de la sociedad, con un modelo que integre el papel de la mujer de manera equitativa e igualitaria, se fundamente en las familias como núcleo de la sociedad, en el que se respete a los adultos mayores y se valore su sabiduría y vivamos en concordancia con la naturaleza.

La inequidad que se ha generado con el tratamiento a la mujer en el mundo laboral ha llevado a la sociedad a tener grandes problemas a nivel educativo y familiar, impactando la capacidad adquisitiva, el nivel de consumo, la inversión y la desarmonización de los núcleos familiares, afectando la relación familia, empresa, educación y Estado.

Bajo diferentes propuestas académicas y estudios a nivel mundial, se ha evaluado que la mujer tiene un papel fundamental en la economía y la sociedad. Ante esta conclusión, podemos dar un nuevo enfoque para lograr obtener en la economía colombiana un mayor bienestar y crear prosperidad, desde el aprovechamiento de los recursos que tenemos en nuestra sociedad.

Dado el momento y la coyuntura del país y del mundo, es importante crear una sociedad diferente, una sociedad más responsable familiarmente, siendo ella el pilar para mejorar la salud, la equidad en todos los sentidos y para todos los agentes sociales, basado en consumo e inversión desde el modelo de Economía de la Prosperidad que genere mayor evolución y crecimiento.

El modelo Economía de Prosperidad y Evolución (EPE) busca crear conciencia y bases para establecer políticas y acciones que permitan forjar mayor consumo, mayor inversión, mejores indicadores de salud, dar oportunidades. Que lleve a optimizar el desarrollo cognitivo y emocional de nuestros hijos, a establecer las bases de una forma diferente de hacer las cosas, a construir la equidad, sin irnos a extremos, a dar pautas para un cambio fundamentado en la mujer, la familia y la prosperidad de un país.

Otro hito necesario en este planteamiento es el cambio de enfoque en los modelos de enseñanza y sistema escolar. La enseñanza actualmente no solo se concibe como la transmisión del conocimiento, sino que es una actividad compleja y dinámica que está determinada por el entorno local, regional, nacional o internacional. El docente en su labor de enseñanza casi siempre guía y trasmite, implícitamente, los valores y reglas que forma parte del conocimiento mismo (Granés, 1998). La docencia debe emprender como práctica reflexiva el poder ser socializada, explicitada, compartida, distribuida y trasladada sin inequidad.

Por ello, en esta propuesta se propone desarrollar el Modelo de la Economía de la Prosperidad y la Evolución (EPE); se busca incrementar el bienestar desde la equidad mejorando el aprovechamiento de los recursos y agentes que existen en la economía, para crear un impacto en las familias, las empresas, la educación, la salud y el gobierno, siendo responsables con el desarrollo de la familia y promoviendo de manera especial la equidad económica en el mundo laboral entre todos sus participantes.

En la propuesta se realizará una exploración de la fundamentación teórica para la validación de las hipótesis y formulación de ésta. Luego se pasará a formular el Modelo, a hacer mediciones y revisiones estadísticas y se plantearán políticas y acciones claras de cómo se articula el Modelo con la economía y la realidad. Se pretende encontra una forma de construir equidad y prosperidad en la sociedad, más que la misma riqueza.

La equidad hacia la mujer permite crear un salto en el desarrollo social, cultural y económico de un país, permitiendo generar una sociedad más sana, más justa y capaz de crear respuestas ante las necesidades del país, siendo socialmente sostenibles y familiarmente responsables. Se espera incrementar el bienestar desde la equidad mejorando el aprovechamiento de los recursos y agentes que existen en la economía, para así crear un impacto en las familias, las empresas, la educación, la salud y el gobierno.

Se hace necesario la formulación de políticas públicas claras para lograr la equidad de género, familia, salud - lactancia, empresa, empleabilidad, remuneración y un modelo de pensión desde la Economía de la

Prosperidad y la Evolución que impacte a las familias, a las empresas y al Estado. Aportar un modelo económico que genere un impacto en la forma de crear equidad para la sociedad y respeto por las familias como núcleo fundamental, nos va a llevar a resaltar a la mujer y su papel en la sociedad, a construir bases para crear empresas familiarmente responsables, a crear políticas para generar mayor bienestar para las familias y, en la economía real, desde el consumo responsable hasta la generación de nuevas formas de empleo.

¿Qué busco con este libro?

➢ Construir alternativas que generen nuevas oportunidades para el cambio social, entendiendo que la familia es el núcleo más importante de la sociedad donde la mujer es su eje natural y favorecer todos los aspectos de crecimiento y prosperidad, con equidad e igualdad de géneros, sanidad psicológica familiar y apoyo a la vejez digna, a través del Modelo de Economía de la Prosperidad y la Evolución.

- ➢ Aportar un nuevo pensamiento desde el modelo económico propuesto para incrementar la equidad laboral y económica para la mujer en la sociedad actual.
- ➢ Generar un impacto en definir de manera diferente la evolución y la prosperidad, integrando el crecimiento espiritual como herramienta de crecimiento económico, con el fin de crear un desarrollo sostenido.
- ➢ Aportar un Modelo para comenzar a trabajar desde la academia y hacia el mundo real, en reconocer la familia como el núcleo más importante de la sociedad, las empresas, el Estado y, en general de todos los agentes económicos, aportando a construir una niñez llena de oportunidades.

Para el desarrollo de este Modelo y explicar sus planteamientos, voy a explorar un marco teórico amplio. La fundamentación teórica parte de la definición de economía y la creación de riqueza en la sociedad, pasando luego a estudiar temas como la teoría de consumo de la mujer en la sociedad y la economía, la importancia de la mujer en el desarrollo de los infantes, el impacto de la lactancia extendida en la salud y las economías públicas. Propondré explorar el desarrollo infantil y cognitivo y las ventajas de la lactancia, las capacidades cognitivas de las mujeres y su diferencia con aquella de los hombres, las diferencias salariales existentes entre hombres y mujeres, los niveles de productividad de las mujeres, la importancia de una pensión al finalizar la vida, una vejez digna y la valoración de la población adulta y anciana. Así mismo, el desarrollo infantil e importancia de la familia en él, la familia como núcleo de la sociedad y la importancia de la existencia de empresas conscientes de nuestras familias, el crecimiento evolutivo por medio del crecimiento espiritual y la importancia del crecimiento personal y espiritual para la sociedad.

Aunque son muchos temas, cada uno va ligado a una parte del modelo.

1. La Economía de la prosperidad y la evolución EPE

1.1. Modelo EPE

La economía estudia cómo incrementar el bienestar de la sociedad con el manejo de los recursos escasos. En los diferentes modelos económicos estudiados se busca revisar cuál es el impacto de cada una de las variables que intervienen en los modelos y cómo explica el crecimiento de la sociedad. A medida que el ser humano avanza y los desarrollos y avances técnologicos cambian la forma de relacionarnos, las leyes se modifican y la filosofía nos muestra la necesidad de incluir nuevas variables en los modelos económicos, siendo el capitalismo la base de la relación económica de muchas economías del mundo; sin embargo, los agentes y variables que se suman sobrepasan la idea del capitalismo salvaje.

En la economía se ven las relaciones de los diferentes agentes que intervienen en ella: el Estado, las empresas, los individuos, las organizaciones, el sector productivo interno y externo, además de los diferentes procesos económicos, entre otros, la elaboración de: materias primas, manufacturas, maquinaria, servicios e infraestructura. El entendimiento de la interacción de cada uno de los agentes económicos y cómo influyen en las variables analizadas es un ejercicio muy interesante porque muestra la relación "causa y efecto".

El modelo PEISH® parte de un modelo económico y en él se explica la importancia de trabajar sobre el ser humano como foco, es decir, en cada persona, para así alcanzar el bienestar social y el crecimiento hacia la prosperidad. Para esto se plantean las siguientes definiciones y postulados:

La economía estudia cómo crear riqueza y es aquí donde, al relacionar la economía con la evolución desde el crecimiento personal con el fin de alcanzar un mayor nivel de conciencia, se cambia y se postula otra definición de riqueza: cambiar riqueza por prosperidad y/o abundancia, esto es, plantear que la economía estudie cómo crear una sociedad próspera que mantenga un crecimiento sostenido para llegar a una sociedad donde las necesidades básicas sean satisfechas y, además, que la economía piense en cómo llegar a tener la capacidad de destinar el consumo para generar mayor bienestar, que se traduzca en mayor confort e incluso, en aspectos necesarios para salir del proceso de solo supervivencia.

De acuerdo con lo anterior, el ingreso será igual a consumo, inversión, ahorro, menos impuestos y menos deudas.

$$Y = Cmo + Inv + Ah - deb$$

En donde el consumo es el valor que los hogares o individuos realizan en el intercambio de moneda o medio de cambio para obtener o cubrir sus necesidades básicas, más bienes, más servicios, menos créditos, más lujos y más inversiones.

$$Cmo = NB + Bi + Serv - Cre + Inv + Lj$$

Estas necesidades básicas son los consumos necesarios que un individuo debe realizar para lograr un mínimo de satisfacción en su calidad de vida, es decir, que lo alejan de la pobreza; es lo necesario para vivir sin preocuparse por el deterioro de su posibilidad de vida. Por esto, desde la óptica del bienestar, la formulo como: El poder cubrir comida (Co), educación (ed), vivienda (VV), servicios públicos (SSPP) (agua, luz, alcantarillado, basuras, electricidad o gas), ropa (Rp), transporte (Tr) y salud & pensión (S&P).

$$NB = Co + Ed + VV + SSPP + Rp + Tr + S\&P$$

Esta definición se aleja un poco de la definición común de necesidades básicas porque incluyo variables como salud y pensión, estableciendo que son vitales para un mínimo de calidad de vida, además de vivienda, ropa básica y comida con mínimos estándares alimenticios para no vivir con desnutrición o estar en indigencia. Entendiendo bienes como bienes muebles e inmuebles, es decir, carro o medio de transporte, camas, televisores, teléfonos celulares, comedor (mesa y asientos), sala, vajilla, cubiertos, elementos de cocina.

$$Bi = \sum B1......Bn$$

Y al hablar de servicios incluyo servicios adicionales que agregan calidad de vida o mayor confort como son servicios de salud prepagada, de televisión por cable o privada de telefonía, internet y viajes.

$$ServSaludplus + TVpaga + Celp + Internet + viaje + ot$$

En créditos se incluye tanto los pagados con el sistema financiero bancario, como con el no bancario. Por ejemplo: las cooperativas y asociaciones en el nivel de legalidad.

$$Cr = DSisBan + DCoo + Dfamilia$$

En inversiones se colocan aquellos consumos que se realizan en bienes muebles diferentes al uso de vivienda, es decir, ahorros programados, CDT´s, acciones, posiciones del mercado bursátil, etc.

$$Inv = BM + Cdts + Acciones + Mdo\ Burs + Otr$$

La variable "lujos" comprende todo consumo que hace parte de compras en bienes y servicios que generan mayor confort pero que no son necesarios; además suceden en función de la alta capacidad de adquisición de los individuos. Se utilizan para mostrar un mayor nivel adquisitivo como carros de lujo, relojes, viajes exclusivos, membresías a clubes, revistas, pagos de restaurantes de lujo, etc.

$$Lj = B1 + Blj2 + \ldots + Bljn$$

Ahora bien, existe una oferta y demanda por bienes, servicios y créditos. La demanda de cada individuo depende el ingreso personal más la capacidad de pago que tenga para adquirir los bienes y servicios. Ahora, la demanda familiar dependerá de los ingresos de los individuos de la familia y la suma de sus capacidades de pago o el nivel de endeudamiento posible a futuro.

$$Dda = Yso + Cappagocre$$

La oferta estará dada por la capacidad de producción de las empresas, el gobierno y los agentes que intervienen en la economía interna, incluyendo las importaciones y restando las exportaciones.

$$Ota = Bi + Ser + M - X$$

La riqueza del país será dictada por la capacidad que tenga el gobierno, las empresas y las personas, de generar esa prosperidad que necesita el país. Cada agente va a ofertar y a demandar algo. Sin embargo, es imperativo reconocer que los individuos reciben un salario dado por la capacidad que el individuo adquiera para generar esa dimensión económica y se traduce en su capacidad de monetizar sus habilidades y sus conocimientos por medio de su oficio.

$$Individuo = Dimensión\ Económica$$
$$= Capacidad\ de\ monitizar\ (Habilidades$$
$$+ Conocimiento - Miedos - defectos)$$

Esa dimensión personal se ha dado por los conocimientos adquiridos, los valores y comportamientos aprendidos de la autoridad y el afecto durante de la niñez, las experiencias vividas que quedan instaladas como habilidades y sus conocimientos adquiridos por medio de su oficio.

$$\textit{Dimesión Económica (Dimensión personal)} = \sum \textit{dimensión personal de n individuos}$$

Las empresas invierten en sus individuos con educación y en generar conocimiento, lo que los lleva a un nivel más cercano a satisfacer las necesidades básicas desde la verdadera riqueza, que es la prosperidad y no desde la acumulación.

$$\begin{aligned}\textit{Dimensión personal} &= (\textit{valores aprendidos} \\ &\pm \textit{comportamientos de auto y afecto} \\ &\pm \textit{experiencias de vida} \pm \textit{conocimientos}\end{aligned}$$

Esa utilidad neta puede invertirse en acumular o en generar prosperidad. Esto aplica tanto para el sistema financiero, al gobierno y las empresas, como para los agentes económicos que intervienen en la generación de riqueza y prosperidad. Si pensáramos en un gobierno que más que ser proteccionista diseñara y apoyara políticas para que las necesidades básicas incluyeran educación secundaria, sistemas de transportes eficientes, cobertura de salud y sistemas de pensión, generación de servicios públicos con calidad, acceso al agua potable y saneamiento. Como resultado, se daría el hecho de que no se piense en la riqueza como un lujo, sino como un camino a materializar la prosperidad.

La materialización de la prosperidad en los individuos se hace por medio del trabajo diario individual; son ellos quienes tienen la capacidad de monetizar sus habilidades, conocimientos, experiencias y comportamientos para alcanzar el nivel mínimo de consumo que cubra sus necesidades básicas y, posterior a esto, los demás ítems del Modelo. Es así porque ellos son los responsables de su propia vida, es decir, que si no trabajan en su poder interior, los resultados exteriores serán pobres.

Desde el punto en el que los individuos hacen parte de las empresas, del gobierno y de los demás agentes de la economía, hay que apoyar al individuo y a las empresas a entender que lo que hacen no es una contratación; es un intercambio de sueños entre las partes. Es decir, las organizaciones contratan individuos para alcanzar un sueño o metas (una razón de ser) y los individuos contratados, en su oficio materializan sus sueños con los ingresos que reciben, con el desarrollo y su desempeño en el entorno (volvemos a nuestra ecuación de consumo).

Es así, que la suma del trabajo de los individuos va a permitir o a generar que la organización alcance sus sueños y, a su vez, la organización va a dar la capacidad a los individuos de alcanzar el consumo deseado y la realización profesional para que, alineado con su vida personal, logren desarrollarse como personas. Es decir, el modelo PEISH® nace al integrar las necesidades de los individuos con las necesidades de las organizaciones, para generar una sociedad más prospera.

Los agentes de la economía están conformados por entidades, organizaciones, gobierno, Estado, industria, sectores económicos, entre otros y todos y cada uno de ellos están conformados por personas. Son las personas el elemento vital para que subsistan las instituciones (Estado, empresas privadas, publicas, asociativas, culturales entre otras) y se generen las dinámicas e interacciones en la economía y en la sociedad. Por lo anterior, las personas y todo lo que pasa en su interior, son la base fundamental de nuestro análisis.

Ahora bien, las organizaciones están conformadas por personas y cada persona hace parte de una familia. Por eso, la teoría de que las familias son el núcleo más importante en la sociedad se debe fortalecerse, debido a la estabilidad emocional, económica y financiera, psicológica, social, ambiental y educativa que genera.

$$\textit{Instituciones Entidades, empresas, etc.} = \sum \textit{npersonas}$$

Personas hacen parte de las familias

familias (abuelos, madres, padres, hijos, mascotas)

Planteamos entonces la Economía de la Prosperidad, que busca generar crecimiento y evolución por medio del crecimiento y la evolución de cuatro (4) variables principales: 1) El papel de la mujer; 2) La niñez como un tesoro; 3) La familia como núcleo principal de la sociedad, y 4) La vejez digna.

1.1.1. Supuestos

Supongamos que al modificar la dimensión personal de la gran mayoría de personas, desde un enfoque holístico y más espiritual, podemos llevar a la sociedad a crear una sociedad más próspera.

Muchos se preguntan qué quiero decir con esto. La dimensión personal depende de los valores aprendidos y del comportamiento que asumimos. Este comportamiento es asimilado por nosotros al crecer y, especialmente, en las experiencias que se tienen en la niñez; esas experiencias primarias responden a la relación que hemos forjado con nuestros padres. Por lo tanto, el entorno inmediato de nuestros hijos o de los niños de nuestras naciones depende de lo que aprenden de los adultos. Es evidente que la respuesta para transformar la sociedad está en cambiar el comportamiento de los adultos, con el fin de lograr criar una niñez más sana en cada uno de los países y naciones donde estemos.

La responsabilidad de los adultos frente al futuro del planeta lo es todo. Sin embargo, cada uno de estos adultos se desenvuelve en un entorno laboral o empresarial para materializar y conseguir los recursos de su sustento, lo que nos lleva a tener que interactuar con todos los agentes de una sociedad económica.

En este sentido, el futuro de nuestro planeta depende de relaciones laborales y empresariales. Relaciones que están impregnadas, en gran parte, por un juego de egos y de roles que llevan a la sociedad a competir por tener más riqueza física, dejando de lado el crecimiento espiritual o de evolución de nosotros como individuos de la especie humana.

El mundo institucional y productivo es un depredador de familias y, en muchos casos, la principal razón del abandono durante la niñez, ya que los miembros de la familia se alejan por cumplir con una serie de actividades, conociendo que en la vida nadie es indispensable, cualquier ser humano puede ser remplazado de manera inmediata. La familia, al ser destruida por el abandono emocional y afectivo, puede sufrir consecuencias a largo plazo.

La poca conciencia en la importancia de la niñez en la familia como núcleo esencial, en la equidad de la mujer como eje de cambio y en el respeto y valoración de la vejez, lleva a la especie humana a una destrucción constante de la capacidad de evolucionar y de mantenernos como especie.

Mucho se habla del crecimiento espiritual e incluso de la felicidad como factores aislados en la economía. Pero por un minuto pensemos qué pasaría si incluyéramos la variable del crecimiento espiritual o del desarrollo de conciencia en el Modelo, cambiando la dimensión personal; como resultado, se impactaría el Modelo desde el interior de cada persona.

Dimensión personal

   = (*valores aprendidos*
   ± *comportamientos de auto y afecto*
   ± *experiencias de vida* ± *conocimientos*

   + *crecimiento espiritual o evolución de conciencia*

Llevaría a la sociedad a trabajar y a destinar grandes recursos para fomentar el respeto del uno por el otro, el entendimiento de la niñez como factor vital de la evolución de nuestra especie y, además, aterrizando los conceptos del Ego y del Ser, se podrá entender que el fin económico y material no es lo que prima en el desarrollo de nuestra raza, sociedad y humanidad.

Debemos lograr expandir la conciencia de todos para entender que la correspondencia hacia la destrucción está dada como consecuencia de la pelea de egos por el poder y por el dinero.

Y en ese sentido, nos permitimos ver que el otro ser humano, sea de la raza que sea, tiene un paso por la tierra con un fin más allá de atesorar dinero y poder, que al final de los días no se podrán llevar para la otra vida (si la hay).

Ahora bien, si trabajamos en una sociedad que comience por el respeto entre todos, sin querer pretender llegar a los externos, como al capitalismo salvaje donde solo prima el poder económico, o al socialismo irracional donde todo es "gratis" (paternalismo total del Estado), sino que construyamos empresas con conciencia social, familiar, ecológica, situación que nos permita tener límites para lograr el respeto de todos los agentes económicos y la búsqueda de un crecimiento sostenible. De esta manera, estaremos en la Tierra cuidando los recursos escasos, muchos que no son renovables, por lo que vamos a tener un planeta distinto.

El periodista Colombiano Guillermo Latorre conocido como "Pirry" bien decía: "Aún no conozco otro planeta al cual nos podamos mudar y, si bien muchos empresarios y muchas personas hacen daño ecológico, aún no sé cómo vamos a hacer. ¿Ya consiguieron planeta para mudarse? Y si es cierto, en cuanto destruyamos todo lo que está a nuestro paso, nada va a cambiar si como adultos no cambiamos nuestro proceder."

Y no tenemos que esperar a generaciones futuras. Tenemos que comenzar con nosotros, los de 70, 60, 50, 40, 30, 20 años, con todos. El Ego de cada uno de los empresarios, de los padres de familia, de los docentes y de la sociedad misma es tan alto que la competencia irracional por el poder nos lleva a una destrucción de pueblos, ciudades, familias, niños y niñas, de la existencia humana.

1.1.2. Lo que buscamos

Debido a que estudié economía y muchos otros temas de psicología transpersonal, teología, religiones, Escuela Magia del Amor, postulados de inteligencia emocional, las múltiples inteligencias, desarrollo cognitivo, educación, taxonomías del aprendizaje, sanación personal y familiar, arte, pintura, canto, y logro ver la relación tan clara entre la dimensión espiritual, evolutiva y el desarrollo de las sociedades, busco con este modelo poder generar un puente entre la economía y el crecimiento espiritual o el desarrollo de conciencia, desde ese punto esencial que es la familia. Para mí es evidente la relación que tiene la niñez con el comportamiento de los adultos. Teniendo claro que si los adultos no nos comportamos como tal, es decir, que protejamos la familia, la niñez, la vejez y a cada uno de sus miembros, vamos a seguir acabando con lo importante de la sociedad, su gente.

También me es evidente que las empresas tienen que ser conscientes del papel que ejercen en las sociedades; que si el gerente, jefe, director, en una empresa no es consciente del impacto que genera en las familias de quienes trabajan allí, el futuro seguirá siendo algo que tenemos por resolver. Incluso, desde su inconciencia afecta el desarrollo evolutivo de su empleado o colaborador y de paso, a sus hijos. El impacto en la niñez es el costo que estamos pagando en la sociedad con la irracional carrera de los Egos para tener, atesorar dinero, acabar con el planeta, para construir imperios vacíos de razones evolutivas, llevando a crear sociedades muy aparentes y poco funcionales, desde la óptica de la evolución.

Hay que hacer un alto y plantearnos como especie humana: ¿Para dónde vamos?, ¿Qué tan sostenible para la especie humana es destruirnos por las guerras de Egos?, ¿No son suficientes las guerras que han vivido nuestros antepasados?, ¿Cuál es el fin de acabar con los otros?

Hay una canción de Amaia Montero que dice una frase muy valiosa para mi análisis: *"La vida más pequeña vale mil veces más que la nación más grande"*. Paradójicamente, en nuestra existencia las naciones se han sentido con el derecho de destruir la vida de millones de personas, solo por la pelea ilógica del Ego de los humanos, para tener tierras, poder, dinero y todo aquello que los lleve a acumular y a generar ganancias altas, sin importar las familias o personas que se lleven por delante. Todo esto tiene como consecuencia la pérdida de la razón y la visión de todos como una especie que camina por la existencia humana que es finita. Y al final del camino, nadie que haya atesorado riquezas se lleva algo.

Busco generar algo de conciencia en la forma de planificar nuestras economías. Si bien se han dado pasos gigantes en formular políticas internacionales de respeto por los derechos humanos, espacios para el cuidado del planeta, campañas para apoyar a la niñez, a la igualdad, a la equidad, etc., aún nos falta mucha conciencia evolutiva de la necesidad para manejar desde nuestras emociones primarias hasta los comportamientos más destructivos, donde el Ego es el gran ganador y nuestra especie humana pierde. Pierde vidas, familias, niños y niñas, es decir, la destrucción termina siendo el camino de la sociedad.

La lucha contra la violencia comienza con el cuidado de la niñez, con el apoyo a los adultos impulsándolo a los niños a ser responsables. Con el proceso de perdón que todos necesitamos para poder respetar al otro, con el apoyo a la salud mental y emocional, con el apoyo a las familias para construir una sociedad más armónica y amorosa. La lucha contra todo tipo de delito no está en castigar el delito mismo; está en el desarrollo de las familias, en el respeto por la existencia humana, en hacer de lado el deseo incontenible de tener tanto que nunca se llena el corazón. Todo lo material no reemplaza el afecto que hizo falta en la niñez. Cada adulto, tiene una historia de su niñez y muchas cosas que sanar.

Como especie humana debemos detener la destrucción masiva, los odios, los excesos y caminar armónicos como una especie. Pero esto no se logra si no alcanzamos un mayor nivel de conciencia. Para alcanzar ese mayor nivel de conciencia del que hablo, debemos de trabajar en cada uno de nosotros, en esa dimensión personal que nos lleva a construir un mundo nuevo en nuestra mente e incluso, en nuestra forma de materializar nuestra evolución armonizada prósperamente con la sociedad y el planeta.

2. Evolución

Cuando hablo de evolución hablo de la capacidad que tenemos como individuos de construir en nuestro interior las condiciones necesarias para vivir en sociedad, de manera armónica, en la búsqueda del bienestar y la prosperidad de un planeta, basándonos en el respeto de la existencia humana en todas las expresiones y formas que venga, sin exclusiones. El más evolutivo es aquel que se permite respetar y, desde la compresión de las diferencias como forma natural de la misma existencia, construye acuerdos para solventar todo aquello que no podemos comprender o con lo que nuestras creencias no pueden convivir.

La evolución es la expresión misma de controlar el Ego, del entendimiento de las emociones, del sanar las expresiones básicas de la ausencia o falta de autoridad y afecto en la niñez, de la capacidad cognitiva de construir nuevas formas de expresión, aún si no estamos de acuerdo con el otro.

Si como especie humana logramos desterrar de nuestra mente la necesidad de acabar o eliminar al otro porque no piensa o no es como nosotros queremos que sea, podremos habitar en un planeta que desde el espacio no distingue frontera y llegar a vernos como seres que desde nuestra manifestación física somos diferentes pero que, desde la razón de la existencia, tenemos una experiencia de vida corta (entre 0 y 100 años), para alcanzar algo diferente a solo atesorar dinero, tierras, objetos.

Evolución es poder vivir en paz. Una paz que llegue desde el interior de cada una de las personas, con absoluto respeto por el otro y entendiendo que todos somos valiosos, que desde el acuerdo podemos parar la destrucción de la especie y del planeta.

Evolución implica expandir nuestra conciencia y, en muchos casos, dejar de lado las creencias de destrucción. Implica que entendemos los roles que desempeñamos, el alcance de cada uno de ellos y nos llevamos a construir un mundo sostenible desde las familias hacia las industrias y las instituciones.

Hay muchas personas que enmarcan esta evolución en un crecimiento espiritual. Para mí es así pero, al hablar de lo espiritual no estoy colocando ninguna religión por encima de otra. Estoy buscando que se entienda que cada creencia es importante en nuestro proceso evolutivo, pero que como especie, el llegar al respeto de la existencia humana es vital para avanzar como seres humanos en sociedad. El crecimiento espiritual lo veo como un proceso de entendimiento de cada ser humano como persona, de entender las emociones, las sensaciones y las percepciones que tenemos, incluso de nuestro propio lenguaje, para así lograr transformar todas aquellas emociones, sensaciones y percepciones destructivas a través de un proceso de entendimiento de nuestra existencia humana que, para los que creen en la existencia de una experiencia posterior a la vida o incluso para aquellos que no, nos lleve a una convivencia más pacífica, armónica, de mayor bienestar y prosperidad.

2.1. Crecimiento evolutivo por medio del crecimiento espiritual o del entendimiento de la evolución

Mucho se habla de los indicadores de desarrollo, pero es muy difícil cumplir con la meta de reducir la pobreza si no cambiamos el comportamiento de los adultos, tanto del que atesora como del que no tiene nada y trabaja con la intención de atesorar. El despertar de conciencia que logremos en cada uno de los adultos nos puede llevar a conseguir un comportamiento más amable con el planeta, una mayor sostenibilidad y una capacidad de generar vida desde la prosperidad y el bienestar.

No hay forma de generar desarrollo si no podemos comprender que lo más importante de la vida es la vida misma. Y el crecimiento evolutivo como especie lo podemos traducir como el crecimiento espiritual, sin confundirlo con un componente religioso, dado que el ser humano se compone también de espíritu y conciencia; cuando muchos de sus individuos crecen espiritualmente se permiten construir un planeta más armónico, nos llevan a entender que parte de la evolución es saber aprovechar el manejo de los recursos que tenemos en el planeta al servicio de todos los que habitamos en ella.

Si bien a lo largo de la existencia humana desde sus inicios, la experiencia de vida de la humanidad son las guerras y la necesidad de conquistar, quitar, atesorar y tener, nos ha llevado a creer que sea una expresión casi natural, expresión que se deriva de lo más primitivo que tenemos que es nuestro instinto. Si no migramos de esta creencia, no podremos evolucionar para generar comportamientos menos instintivos y más conscientes.

Cada vez que el instinto le gana a la razón de Ser y del respeto por la existencia humana como especie, destruimos pueblos enteros, causando dolores y sufrimientos irreparables, generación tras generación. Creo que las guerras han dejado claro que ese no es el camino para avanzar como especie. Cada guerra deja a su paso tanta destrucción que propicia su repetición una y otra vez, hasta el punto en que como especie, estamos condenados a siempre repetir la misma historia.

Y si a este momento histórico le sumamos el desprecio hacia los adultos mayores y a todo lo aprendido en su existencia humana, podemos evidenciar que seguimos una y otra vez por el camino de la destrucción.

Una bomba que estalle en cualquier parte del mundo afecta a todo el planeta y no hay cómo migrar aún a otro planeta. El sentido de destruir trae implícita la destrucción de nosotros mismos.

Todo el planeta es una misma casa con muchos cuartos. Si se destruye la casa, se afecta a todos sus habitantes. Físicamente podemos tener diferencias, sustanciales y evidentes, pero ningún humano ha terminado su vida llevando el trasteo de todo lo que atesoró. NADA FÍSICO QUE HAYA EXISTIDO EN LA TIERRA, se ha podido transportar por alguien que deja de existir.

Y aunque no sea claro qué hay después de lo que llamamos muerte y aunque algunos sostengan que sí hay experiencias después y otros que no las hay, lo ÚNICO cierto es que todos tenemos una experiencia física en este planeta, planeta que es limitado en recursos, recursos que son los que nos ayudan a mantener la experiencia de vida, como la conocemos.

Si miramos el planeta Tierra desde cualquier parte del universo podemos ver que naturalmente no hay divisiones. Las únicas divisiones que existen son aquellas inventadas por la especie humana. Todos los seres vivientes del planeta tienen un destino: nacer, crecer, en muchos casos reproducirse y morir. En este sentido, el ser más adinerado del planeta muere, como muere el niño o niña más pobre. Absolutamente todos vamos a dejar el planeta en algún momento. Ni los buenos, ni los malos se han podido quedar más de lo que su existencia se lo permite. Por esto, las variables que tenemos en común como un todo es la experiencia física, que es finita.

Con base en la experiencia vivida por la humanidad es que podemos ayudar a cambiarla para las futuras generaciones si expandimos la conciencia y actuamos menos de forma instintiva, reactiva o desde lo que llamo el Ego (esa forma irracional de querer tener siempre la razón), que actúa desde ese sistema de creencias, sistema que carece de las expresiones del Ser que son aquellas que nos llevan a un mayor entendimiento como especie humana.

2.2. La importancia del crecimiento personal y espiritual para la sociedad.

Sumidos en una sociedad que apoya solo el crecimiento físico y material, por la inconformidad que genera la inequidad, la violencia, la corrupción, el exceso de jerarquías y de dominios, no podemos avanzar hacia un modelo de crecimiento sostenido, ya que los intereses particulares priman por encima del interés colectivo. Sumado a lo anterior, está la ignorancia de los pueblos y las naciones que permiten y eligen a personas que dicen representar sus intereses, pero que al cabo de un tiempo terminan sometiendo a sus dirigidos a condiciones inferiores a aquellas en las que ellos viven como dirigentes.

Cualquier tipo de dictadura o de condición política de gobierno que lleve a beneficiar a unos pocos, está llena de ego, de poder que lleva a los pueblos y a las naciones a estar en constantes guerras, disputas y desacuerdos, sin representar en lo más mínimo las necesidades de las personas. El interés de unos pocos es trasladado, incentivando y generando odios entre las personas, con el fin de causar división que no permita avanzar hacia acuerdos que conlleven a una prosperidad y al bienestar real de la sociedad.

Los odios entre las clases sociales, los diferentes partidos políticos, las distintas religiones, las diferentes razas de la especie humana, las distintas jerarquías dentro del sector productivo, son instigados por unos pocos que quieren mantenerse en lo alto de la pirámide del poder, conllevando a que muchos se contagien y luchen de manera inútil, mientras que los dirigentes gozan de grandes lujos y beneficios, sin importar el sufrimiento, dolor, pobreza y miseria en la cual viven los pueblos.

Como especie hemos sido capaces de destruir ciudades enteras, de crear enfermedades, de someter la existencia humana a la destrucción de nosotros mismos e incluso del planeta. ¿A cambio de qué? De más guerras y más odios sin poder avanzar hacia un nuevo capítulo en la historia de nuestra especie humana. Somos responsables de la destrucción y ante eso tenemos el deber de explorar nuevas alternativas que respeten la existencia de la humanidad en todo el sentido de la palabra sin importar la raza, el lugar de nacimiento, las creencias y lo más valioso que tenemos de esta experiencia que es la vida misma.

Al revisar la historia de la humanidad hacemos un recorrido por la cantidad de guerras y enfrentamientos que tienen el objetivo de dominar: tener tierras, dinero, poder. Incluso pasamos por pensar que un ser humano es objeto de tenencia. Hemos sido capaces de menospreciar la existencia humana de todas las formas posibles, si son mujeres, niños o ancianos, si tienen una preferencia sexual diferente, una creencia religiosa distinta, o simplemente, si la mente nos dicta que "aquel" es menos que cada uno de "nosotros". Los juicios de valor que se hacen hacia las otras personas están cargados de prejuicios, miedos, dolor, sufrimiento, envidia, complejos de superioridad y codicia, hasta el punto de acabar con el otro, solo porque nos estorba en el camino.

La pregunta "del millón de dólares" es: ¿Cómo podemos cambiar la realidad de la existencia humana? Luego de muchos años de estudio, mi propuesta es: A través del crecimiento personal basado en el crecimiento espiritual basado en un crecimiento personal, donde se dignifique la vida y la existencia humana. Por un solo momento miremos que las naciones, las empresas de los diferentes sectores productivos, las entidades gubernamentales, los colegios, etc., están conformados por personas. Personas que son las que demarcan el camino de la humanidad y si la cabeza de estas personas son la expresión más grande de su Ego, la historia de la existencia humana va a seguir siendo igual: guerras, destrucción, poder, dinero, avaricia, violencia…

Ahora bien, el objetivo de la existencia humana debe ser diferente de satisfacer las necesidades físicas, deatesorar poder, bienes, tierras y como ya lo expresé incluso personas. Cambiar el rumbo y encontrar el verdadero objetivo se hace desde un enfoque más holístico y espiritual. Solo si las cabezas que dirigen el mundo doblegan el gran Ego que tienen y son capaces de entender y aceptar que todos somos, en esta experiencia física, iguales a pesar de las diferencias físicas por razas que con el tiempo se han ido mezclando, hasta el punto de entender que somos una sola especie. Tan iguales somos que nacemos y morimos. Simple, nadie se ha librado de la muerte y está aquí para contar que se libró de ella o que se llevó todas sus pertenencias y su poder para una experiencia posterior a la experiencia física y terrena.

2.3. Ego y Ser

Es imperativo dejar de obedecer Egos que nos llevan a la destrucción. Es necesario hacer un camino diferente, en el cual empuñar o disparar armas no sea la solución. La solución es elevar el nivel de conciencia a todos los que más podamos, porque desde ese nivel óptimo nos vamos a permitir convivir sin sentir la necesidad de conquistar tierras, ordenar, dominar, esclavizar.

Todas las expresiones que vienen dadas desde nuestro instinto y desde nuestras creencias nos hacen correspondientes a acciones y situaciones llenas de odio, dolor, sufrimiento, angustia y miedos. Es la expresión misma de la incapacidad que tenemos de evolucionar, ya que colocamos en primer lugar las necesidades del Ego, expresadas en excesos de todo tipo.

Y la forma de detener esta carrera absurda del materialismo, es poder enfocarnos en el proceso de crecimiento espiritual, personal y sanar nuestra alma, que ha sido contaminada a lo largo de la vida por las experiencias dolorosas y que no podemos manejar. Esto lleva a las personas a guardar tantos rencores y odios que al finalizar la vida, la venganza, el desquite, el odio y la necesidad de dominar al otro, hacen que el ciclo destructivo en el que hemos vivido toda la historia de la humanidad empiece nuevamente.

Algunos luchan por tener más tierras, más dinero, por apropiarse de países enteros que, por desconocimiento del mundo espiritual, sienten que se les debe dar. Otros, por atesorar riquezas son capaces de matar, eliminar o quitar del camino a quien se interponga en sus planes de tener más cosas materiales. Es la decisión de: Sí lo quiero y puedo hacer lo que sea para tenerlo, aunque termine llevándome conmigo millones de personas, familias, niños y sometiendo al planeta entero por una aparente riqueza que no es tal, dejándonos guiar por nuestro enorme Ego

Para otros, las apuestas son producir sin medida, sin cuidado y sin importar el daño al medio ambiente. Atesorar dinero y poder es la consigna y, simplemente, se sienten en la necesidad urgente de llenar los bolsillos sin importar el futuro de los recursos que pertenecen a la humanidad. Por el Ego, que induce la necesidad de tener y ser poderosos, hemos acabado con especies vivientes que hemos condenamos a la muerte y a la extinción solo por no tener límites que nos obliguen a cuidar nuestro planeta, que en últimas, es nuestra casa común; la casa de todos los que estamos en él. Todos somos dueños de la misma desgracia que hemos forjado.

El poder del Ego es tan grande que habita en los pobladores de todos los países y naciones, no excluye personas de gobiernos o empresas; que puede estar tanto en los entes públicos como en privados. Es el dueño de todo y lleva a la humanidad a la inconciencia, a satisfacer necesidades que en muchos casos no existen y solo son la ansiedad de vivir como reyes con todo tipo de lujos, sin que importe nada más.

Ahora bien, el Ser de estas personas parece haber desaparecido entre la niñez y la adultez, sin vuelta atrás. Llevan naciones enteras a condenar las nuevas generaciones, porque son los infantes los que aprenden este comportamiento a temprana edad. La reactividad del Ego, la necesidad de tener la razón, la injustificada capacidad de destrucción, solo porque alguien así lo quiere.

Como especie nos hemos peleado por recursos que cualquier mente con poder supone y asume que le deben pertenecer, sin importar en lo más mínimo la existencia humana y la destrucción del planeta.

El Ego ha conducido a la humanidad a un estado tal de apatía que no se manifiesta la más mínima compasión ante el dolor de tantas y tantas personas necesitadas. Es como si no existieran; es como si algunos tuvieran el derecho de poseerlo todo sin medida alguna. Es simplemente ver como la especie humana manifiesta la sevicia y la capacidad de autodestruir su propio mundo, sin poder ver que es posible que seamos parte de algo más.

La soledad a la que están condenados los grandes egos es toda. Nada satisface sus ansias de tener, de hacer, de mandar, de acumular. Y como su necesidad es imparable, la destrucción de por sí es imparable. Es tan difícil que en esta soledad, vacío del alma y del corazón lleguemos a la razón para que prevalezca la existencia de la especie humana. El Ego ciega a las personas que se creen inmortales, superiores, dioses. Incluso, parece que sintieran que vienen de otro mundo a mandar.

La codicia y la incapacidad de valorar al otro como un igual en nuestra especie, nos condena a repetir una y otra vez las guerras y la destrucción. Vemos naciones enteras amenazando con destruir una parte del planeta. Aún me pregunto: ¿Ellos ya tienen para dónde irse?, ¿Es tan irrelevante la vida en el planeta para tener la capacidad y el deseo de querer destruir todo si no les hacen caso?

Es como si anuláramos la posibilidad de considerar a los demás. Ese Ego que nos lleva a sentirnos superiores obvia y desconoce que todos tenemos una experiencia de vida física finita y que todos, sin excepción, vamos a morir. Y en el cementerio, tan solo quedarán partes de nuestro cuerpo físico, pero no queda más que eso. A muchos se les recordará de cierta manera, pero al final de los tiempos solo tenemos la posibilidad de que algunos conozcan de nuestra existencia y otros, que nunca sabrán que hicimos parte del planeta.

Si logramos que cada uno de nosotros pueda entender cómo son sus comportamientos, de dónde provienen, qué sentimos, qué pensamos, vamos a poder crear una correspondencia diferente y vamos a permitir cambiar este comportamiento por algo que sea más armónico para todos. Pero, es preocupante encontrar que desde la inconciencia en la que viven quienes habitamos el planeta, todo lo que creamos es de destrucción que se convierte en un ciclo sin fin.

El Ego alimenta la desigualdad, el odio, la incapacidad de dejar años atrás, siglos de violencia con ansias de venganza por millones de años, dejando a su paso una especie anclada al sufrimiento permanente y sin ninguna capacidad de manejar las emociones, las sensaciones. Con una percepción de superioridad en algunas personas y de inferioridad en otras, lo que somete y coloca a la especie humana a ser ella misma la que acabe con el planeta. El único beneficio aparente es para los poderosos, los dueños del dinero, del poder que marcan el camino para que una gran cantidad de "ignorantes" los sigan, solo por la creencia de que ellos van a hacer algo por la humanidad y, en últimas, vemos que los poderosos no hacen nada por el planeta ni por nadie, solo porque ellos tienen la comodidades que quieren y a los demás los necesitan para mantenerse en el poder.

Cuando me refiero a "ignorantes", me refiero a personas que no logran, desde su despertar de conciencia, entender las correspondencias que ocasionamos al realizar una u otra acción.

2.4. Correspondencias

Todo lo que llega a la vida le podemos dar o no un sentido. Desde la óptica de Gerardo Schmelding se puede entender que la vida es una cadena de correspondencias dependiendo del nivel de evolución que esté experimentando una persona.

En este sentido, puedo afirmar que todo lo que pasa, pasa por una correspondencia. En mi libro "El Poder del Ser" explico que cada ser humano se hace correspondiente con cierto nivel de aprendizaje y que cada persona es el arquitecto de su vida. Se asume que todo tiene un sentido y que las cosas pasan porque así lo deseé, lo generé o lo permití. No importa si se tiene el conocimiento o no de las Leyes del Universo. Es decir, si como individuo reacciono a la violencia con más violencia, voy a ser correspondiente con siete veces más de todo aquello que emito y hago. Es un pensamiento complejo que lleva a pensar en que todo lo que se emite se multiplica en el planeta y esta multiplicación ya no la voy a poder controlar como sí podría controlar el no emitir violencia, es decir, el acto inicial.

Sin embargo, para decidir no emitir violencia debo tener la capacidad de controlar mis emociones y pensamientos, dado que es en el campo mental donde se gesta todo lo que va a terminar siendo una acción.

En otras palabras, en el campo mental voy a generar o manifestar lo que se puede transformar en una acción. Antes de ser una acción es un pensamiento y antes de ser un pensamiento es un estímulo que recibe el cuerpo y este estímulo entra por medio de los sentidos. Al entrar al cuerpo, el cerebro recibe y realiza una respuesta física tanto como química, como un proceso cognitivo que se traduce en palabras o pensamientos, los cuales, al relacionarse con la historia o con lo grabado en la memoria de largo plazo de un individuo, va a terminar en ser una acción.

Si necesito cambiar la acción, es importante trabajar en el pensamiento, en que el foco de atención no se lleve al proceso cognitivo y genere una reacción violenta. Para esto es necesario cambiar el foco de atención y colocar esa atención en otros estímulos, para que el resultado sea más armónico y al realizarse la acción no se dé una cadena de instintos que nos lleven a reaccionar violentamente o que alteren el sistema de creencias, sintiendo la necesidad del Ego por crear una reacción que altere la armonía.

Dado que alterar la armonía construye una respuesta violenta, en la gran mayoría de los casos, se busca lograr reacción con un mayor nivel de conciencia para ser correspondiente con el entorno y el interior. De esta manera se tiene una mayor sintonía con el desarrollo espiritual que con las necesidades básicas del Ego.

La correspondencia nos ha llevado a estar anclados al instinto como humanidad, reaccionando una y otra vez. Elevar el nivel de conciencia permite crear una forma de vida en concordancia con la armonía y con la respuesta espiritual, que es más pausada, más sabia, más tranquila y genera armonía.

Si actuamos desde la conciencia se creará una forma de correspondencia más armónica, de mayor respeto con todas y cada una de las especies. Desde el mayor nivel de conciencia, como especie humana nos hacemos correspondientes con menos desastres naturales y humanos, menos alteraciones a los ecosistemas, mayor respeto por la vida, mayor cuidado, mayor capacidad de cooperación, incluso aprendiendo el respeto por las diferentes especies, llevándonos a crecer y desarrollar nuestras conciencias social y ambiental y, como resultado, a ser correspondientes con el planeta que podrá ser así, más sustentable. l.

2.5. Evolución

La evolución se da cuando se crea un sistema más coherente con las necesidades de la humanidad y en concordancia con el planeta, llevándonos a producir las cantidades justas, a respetar el medio ambiente, a ser responsables con las familias, a construir acuerdos de retribución justa y a ser capaces, desde la solidaridad y la compasión, a soportar una oferta y demanda responsable.

Es indispensable un mayor nivel de conciencia para construir una nueva Tierra que valore el papel de todos los actores y agentes económicos, llevando a la equidad de géneros, a apoyar el desarrollo socioemocional y cognitivo de los infantes, de construir redes de apoyos para aportar a la salud, porque la salud mental y física son el centro de sociedad sana.

La evolución nos lleva a ser una especie que puede vivir en el planeta en un estado de armonía, donde los desechos sean menores, donde la capacidad de absorber la oferta esté en concordancia con las necesidades de las regiones y no de aquellas del Ego de quienes producen desaforadamente.

La evolución implica un respeto por todos. Hay que reconsiderar como en las antiguas tribus, la importancia y la sabiduría de los mayores y los más ancianos. Se debe rescatar a todos aquellos que, por falta de recursos, por olvido e incluso desatención, han perdido la capacidad de ser funcionales en la sociedad.

Si bien la juventud impacta y llena de energía, la evolución permite valorar las experiencia anteriores, para continuar trabajando en un ciclo más productivo y que genere mayor bienestar.

El concepto de lo revitalizador que puede ser para una sociedad el empuje y la tenacidad de sus jóvenes, sus ganas de hacer las cosas en maneras distintas, su ímpetu y deseo de avanzar la frontera del conocimiento puede ser valioso "EN JUSTA MEDIDA". Luego sí encadenar la idea de que la evolución de conciencia PUEDE aportar a la juventud la posibilidad de integrar el conocimiento y la sabiduría de las generaciones anteriores en PRO del bienestar común.

Construir sociedades desde la cooperación, permite equilibrar los niveles de desigualdad que únicamente llevan a los resentimientos y a las incapacidades de avanzar como planeta. La evolución se dirige a que somos una sola especie y todo se interconecta.

3. Nueva tierra

3.1. La mujer como factor evolutivo

El papel de la mujer es fundamental para llegar a la evolución, por sus características únicas. Cuando veo a la mujer, no la veo como un ente en igualdad por sí misma y por su justa valoración, porque la igualdad en el planeta no funciona. Si pudiéramos hablar de igualdad, todos deberíamos ser totalmente iguales y al final, no lo somos. Por lo tanto, es mandatorio ver a la mujer desde un punto de equidad y amor.

La mujer es el centro de la evolución y la prosperidad. Si bien el rol de la mujer ha cambiado a lo largo de los años, aún existen países en los cuales la mujer no tiene libertad, ni voto, ni puede ejercer un liderazgo claro. Pero, día a día la realidad cambia y la equidad entre los géneros se vuelve una necesidad imperante, siendo vital que los salarios se asignen por las capacidades y no por el género. Existen iniciativas en países latinoamericanos en igualar la diferencia de salarios entre los géneros; sin embargo, aún el camino es largo.

Para lograr una equidad real, debemos resaltar que en un nuevo nivel de conciencia, la familia debe ser el centro de atención y de desarrollo de la sociedad, para así alcanzar el respeto por la vida y el crecimiento personal y profesional de cada uno de sus miembros. Si citamos a Maslow podemos reconocer que en la pirámide de necesidades todo ser humano tiene: necesidades fisiológicas (respiración, alimentación, descanso, sexo) que tienen relación con el autocuidado; necesidades de seguridad (física, de empleo, de consecución de recursos, morales, familiares de salud e incluso de prosperidad), necesidades de filiación (amistad, afecto, intimidad sexual), de reconocimiento (auto reconocimiento, confianza, respeto, éxito) y autorrelación (moralidad, creatividad, espontaneidad, falta de perjuicios, aceptación).

En un nuevo nivel de conciencia, todos los individuos del planeta deben lograr satisfacer sus necesidades, sin tintes de exclusión. Un paso para lograr esto es promover la igualdad de trato y oportunidades entre géneros, más aún en el ámbito laboral. Y no solo la igualdad, sino también la equidad. Es importante entender la equidad como esa capacidad de proveerle a la sociedad condiciones semejantes para poder solventar las necesidades del planeta.

Desconocer la importancia de todo lo que pasa con las mujeres en el seno familiar a causa de las diferencias en el campo laboral y social y cómo esto va a afectar en gran medida a los infantes que crecen con limitaciones de afecto, al no poder relacionarse con una familia donde prime el amor, desde un estado de comprensión del desarrollo de cada individuo.

Es decir, reconocer que todo lo que se haga por las mujeres, hombres, infantes y familia, afecta positivamente la salud mental, la estabilidad e incluso el desarrollo espiritual e individual de cada miembro de la familia.

La equidad busca que la mujer sea remunerada con un mismo pago que el hombre; que al necesitar licencias se tengan soluciones establecidas para poder obtenerlas sin dificultades ni objeciones. Equitativo es acceder a trabajar sin hacer referencia al género, y que, en el caso de necesitarse una diferenciación, se haga por competencias, conocimientos y aptitudes evaluadas por medio de pruebas, porque si bien las condiciones del cerebro del hombre pueden generar unas mayores habilidades en ciertos aspectos o campos, esto no excluye que el cerebro de la mujer pueda también ser muy bueno en esa misma habilidad del hombre.

La mujer, al igual que el hombre, tiene un tiempo para ser productiva y en ese mismo tiempo también es fértil. La sociedad debe respetarle a la mujer la posibilidad de ser madre. La respeta siendo una sociedad de cooperación, donde todos nos colaboramos. Así, si la mujer decide ser madre, la misma sociedad de cooperación la apoya y ayuda para que esos nuevos niños que llegan al planeta puedan contar con el tiempo de la madre y estar llenos de amor.

Por esto creo que las empresas deben permitir, no solo el tiempo de lactancia, sino uno de mayor duración, generando esquemas de teletrabajo o esquemas flexibles de contratación, para que la mujer pueda, por lo menos seis meses o algo más, cuidar de su hijo. Amamantar debe ser un derecho fundamental, desde ese punto de amor.

Según la Organización Mundial de la Salud (OMS) y El Fondo de las Naciones Unidas para la Infancia (UNICEF), la lactancia materna es fundamental en los primeros seis meses de vida de los bebés ya que trae beneficios tanto a los niños como a sus mamás.

En los primeros seis meses de vida, la leche materna exclusiva proporciona toda la energía y nutrientes que el niño necesita. Logra que el crecimiento, la salud y el desarrollo del bebé sean óptimos. Protege a los niños de enfermedades infecciosas y crónicas, ya que la leche materna contiene anticuerpos que los defienden de las enfermedades mortales frecuentes en bebés tales como la diarrea y la neumonía. Promueve el desarrollo sensorial y cognitivo, el bebé se desarrolla fuerte, sano e inteligente.

Amamantar no solo se limita exclusivamente a los primeros seis meses de vida; se debe hacer, no de una forma exclusiva de alimentación, hasta después de los dos años del bebé.

A largo plazo, la leche materna propicia una buena salud durante toda la vida. Los niños amamantados tienen menos tendencia de sufrir obesidad, sobrepeso y diabetes en su vida adulta; así mismo tienen mejores resultados en las pruebas de inteligencia y se asocia con mayores logros educativos, además de mejorar el desarrollo motriz de los bebés.

A nivel emocional, el amantar genera un vínculo especial entre madre e hijo; entre mayor tiempo sea la lactancia, mayor es la capacidad de respuesta materna y mayor la seguridad emocional que brinda el vínculo.

Por el lado de las madres, la lactancia materna reduce el riesgo de depresión posparto y de anemia, ayuda a bajar de peso, reduce el riesgo cáncer de mama y de ovario, así como el riesgo de osteoporosis después de la menopausia.

Así mismo, es importante considerar el tiempo en el que la mujer está criando. La misma sociedad debería pensar alternativas para que los niños puedan disfrutar de sus mamás por lo menos en los primeros cinco años, que son de vital importancia para su desarrollo posterior, teniendo en cuenta la no estigmatización de las mamás cuando son amas de casa.

Les cuento una anécdota: En el momento en el que quise regrsar al mundo laboral formal después del nacimiento de mi hijo, en una entrevista de trabajo la persona que me recibió me dijo: "Ahhh… Usted no ha hecho nada durante éstos tres años que ha estado criando a su hijo". Me pregunto: ¿no se ha hecho nada o se ha brindado seguridad y amor a un niño para que a futuro sea un excelente ser humano? Mi idea es llegar a un punto de evolución en donde se valoren a esas madres que dedican tiempo a sus hogares, porque gracias a esa atención, se desarrollan mejores ciudadanos.

Homeschooling o Educación en casa, es un estilo de formación en el que los padres deciden educar a sus hijos sin intervención de las instituciones educativas. Con esta alternativa los niños aprenden de manera creativa y diferente a la tradicional. Impulsa la autonomía del niño y su aprendizaje por medio de la experiencia y la curiosidad; los hace responsables con el horario y con su educación; crecen en su independencia y aprenden a amar la formación y hacer cosas nuevas. La forma de crear relaciones sociales es por medio de las actividades extracurriculares, a las que los niños dedican más tiempo, como los deportes, la música, el arte.

La educación así, se enfoca en potenciar las cualidades y habilidades del estudiante. Los niños son influenciados por sus padres al compartir más tiempo con ellos, disfrutando más tiempo de calidad juntos y los padres están involucrados directamente con el modelo educativo escogiendo aquel que más se ajuste a sus preferencias.

El capitalismo nos ha llevado a esa posición de capataz, a esa sociedad machista, en la que la mujer puede hacer poco o nada. Sencillamente hay un jefe y una secretaria, sin darnos cuenta de que el hombre también podría ser secretario. Por esta ausencia de equidad es que nace el feminismo. Entonces, cuando hablamos de equidad se habla de erradicar el machismo sin extremismo, sin caer en posiciones radicales, donde sea posible que la mujer pueda quedarse en casa sin ser estigmatizada cuando desee incorporarse nuevamente en el mercado laboral.

Cuando hablamos de economía y evolución, los dos géneros son necesarios. Incluso, cualquier tipo de expresión o condición sexual debe ser respetada, para de esta manera llegar a la evolución en donde habrá respeto total del Ser. El Ser mismo es la expresión activa de una entidad viva que está experimentando algo en la Tierra, por lo que deberíamos tener respeto por cualquier individuo, independientemente de que no entendamos su posición.

La economía de la evolución se refiere a lograr entender desde el capitalismo, que la mujer merece el mismo respeto que cualquier individuo, que debemos trabajar en la equidad y en poder darle ese rol fundamental que en muchos lugares se le ha negado.

Como equidad me refiero aquí a establecer que ella pueda disponer del tiempo para el cuidado de los hijos y, así mismo, empezar a buscar maneras para que la remuneración de mujeres y hombres sean iguales.

Según el Informe Mundial de Salarios 2018/2019 de la Organización Internacional del Trabajo (OIT), las mujeres, a escala mundial, siguen percibiendo un salario que es aproximadamente un 20% inferior al de los hombres por un trabajo equiparable. Este informe abarca 70 países y cerca del 80% de los asalariados del mundo.

El informe revela que en los países con altos ingresos, las brechas salariares entre géneros es más elevada en el extremo superior de la escala salarial, mientras que en los países de ingresos bajos o medios la diferencia es mayor entre los trabajadores peor remunerados.

Una de las razones por las que se presenta esta diferencia de remuneración por género es la maternidad. Las mujeres con hijos generalmente perciben salarios inferiores a aquellos de las mujeres sin hijos. La reducción del horario laboral, la interrupción en la carrera profesional y las decisiones con estereotipos sobre los ascensos en la empresa son algunos de los factores que impactan esta situación. Incluso antes de que las mujeres experimenten la maternidad, ya hay desigualdad de remuneración.

En el 2015, la ONU aprobó los "Objetivos de Desarrollo Sostenible", es decir, aprobó 17 objetivos a ser alcanzados para transformar el mundo para el 2030. Uno de estos objetivos es justamente la Igualdad de

Género que busca lograr la equidad entre géneros y empoderar a todas las mujeres y niñas eliminando la violencia, la discriminación, las prácticas nocivas como el matrimonio infantil y, asegurando la participación plena y efectiva de las mujeres en los ámbitos políticos, económicos y públicos, así como permitir la igualdad de derechos a los recursos económicos en hombre y mujeres.

Otro de los Objetivos de Desarrollo Sostenible que habla sobre la equidad entre géneros con respecto al trabajo es: "El trabajo decente y crecimiento económico". Este busca, entre todas sus metas, la igualdad de remuneración por trabajo de igual valor ya que, según la ONU, "la brecha salarial de género en todo el mundo se sitúa en el 23% y, si no se toman medidas, se necesitarán otros 68 años para lograr la igualdad salarial. La tasa de participación de la mujer en la población activa es del 63%, mientras que la de los hombres es del 94%".

Cuando hablamos de economía y evolución, estábamos hablando de restablecer los mismos derechos fundamentales establecidos por la ONU para todos, entre los que se enuncian el derecho a tener un trabajo escogido libremente, con condiciones equitativas y satisfactorias, el derecho de igualdad de salario por un trabajo igual sin discriminación, el derecho a una remuneración equitativa y satisfactoria que asegure la existencia digna de él o ella y su familia y el derecho al descanso remunerado. La maternidad y la infancia tienen derecho a cuidados y asistencia especiales, derecho a la educación y a tener una familia, entre otros.

Por otro lado, la mujer en la sociedad es pilar para activar cualquier economía. Son ellas las que más incentivan el consumo. Hay estudios que demuestran que la mujer es la que más demanda y consumo genera, así sea que el hombre pague. La mujer es quien normalmente se antoja y esto es común en muchísimas culturas. Por eso es importantísimo entender que cualquier tipo de reactivación económica o cualquier tipo de crecimiento económico también está activado por la mujer. Por ejemplo, en la sociedad occidental, ellas son motor de la producción, agente vital del sistema capitalista; son consumidores activos y responsables de compra, incluso en más de un 80% de los casos en las familias. Son agentes de cambio y reducción de pobreza. Invertir en la educación de la mujer promueve el desarrollo colectivo, social, económico y espiritual.

Además, alejar una población de la pobreza genera un impacto en todo el planeta. La mujer es pilar fundamental para el crecimiento de una sociedad más consciente, más capaz, más amorosa nos lleva a sanar las heridas más profundas y son, desde el ámbito holístico, quienes pueden guiar con inmenso amor o estado de compresión a la sociedad.

Los nuevos sistemas capitalistas necesitan del equilibrio de la energía femenina para construir sociedades de autocuidado, de comprensión, de capacidad, de respeto y de amabilidad. Necesitamos balancear las energías, pasar de solo hacer y tener a crear y sostener, ser sustentables y cuidadosos con el planeta y con todos los habitantes. Para alcanzar la armonía y un mayor nivel de conciencia en la cabeza de la sociedad, deben existir mujeres que guíen el camino, sin caer en excesos y exclusiones.

Debemos resaltar el papel de la mujer a lo largo de la historia con el fin de entender que los dos géneros son igual de importantes. La energía tanto masculina como femenina es una sola expresión del Ser. Las dos energías son vitales y deben estar en equilibrio. Para lograr evolucionar y crecer, es necesario que trasciendan pensamientos como "no necesito a un hombre para ser madre" o "no necesitamos mujeres en el ámbito empresarial".

Desde el enfoque de las constelaciones familiares podemos ver, de la manera más acertada, que todos tenemos un lugar en la familia, un espacio a respetar, que aunque existan ausencias familiares, es vital evitar generar resentimientos y comprender que tanto padres como madres son necesarios para la evolución de los infantes.

Tener la capacidad como mujeres de reconocer el papel de los hombres y los hombres, tener la capacidad de reconocer el papel fundamental de las mujeres en la sociedad. Y desde el reconocimiento y la aceptación, asumir el respeto por el rol de cada uno. En la situación en que alguno falte, respetar su lugar y otorgar espacios de amor, es decir, estados de comprensión por la existencia del otro.

Centrar la atención en la familia y dar soporte como sociedad para reducir los niveles de violencia, a través del desarrollo de conciencia en las familias, permitirá que el crecimiento de los infantes en espacios llenos de amor, salud mental, salud física, promueva una mejora en la sociedad y en la sustentabilidad de la especie humana.

La violencia intrafamiliar se da en todos los estratos sociales, desde el más pobre al más adinerado, limitando la capacidad de desarrollo cognitivo, emocional, social e incluso espiritual de los infantes, generando más resentimiento, odios y destrucción a la sociedad.

La especie humana, se puede decir con total certeza, no ha tenido un año de vida en paz total, sobre el planeta Tierra. Revisar la historia lleva a comprender que nuestro desarrollo a nivel de conciencia ha pasado por los primeros niveles, esclavitud, guerra, ignorancia, sistemas tóxicos, guerras de poder, guerras entre creencias y religiones, imposición de sistemas socialistas, capitalistas, guerras por posesiones y tierras. Es hora de pasar a sistemas económicos centrados en un mayor nivel de conciencia. Un sistema que permita que la familia sea el centro, que las empresas tengan respeto por el tiempo que necesitan los niños de sus padres, para crecer, para cuidar su salud desde su inicio, para entender el ciclo de la vida. Esto se traduce, en acciones como valorar la primera etapa de vida y generar sistemas que permitan incentivar la lactancia en el primer año como mínimo.

Otra acción empresarial pertinente es apoyar la unidad familiar en el momento de nacimiento; que padre y madre puedan tener licencias para crecer en familia y sociedad, así como permitir en muchos momentos el teletrabajo. Diseñar espacios para ser equipos y colaboradores y que los padres puedan estar atentos al desarrollo escolar de sus hijos, que no existan respuestas como "no me importan las reuniones del colegio, tiene que llegar a tiempo".

Estamos hablando de ser equitativos con las familias para que por lo menos uno de los dos padres pueda ayudar a velar por los hijos sin ser vulnerado, porque en los casos en los cuales las mujeres no pueden, se podría tener la libertad en que un hombre también pueda cubrir estos aspectos del cuidado de los niños.

Al resaltar el papel fundamental de la mujer no estamos diciendo que el hombre no lo pueda hacer. Hacemos referencia a que alguno de los padres y la sociedad deberían velar por el cuidado de los niños.

Al entender que la educación y acompañamiento de la infancia reducen la violencia y las enfermedades sociales (narcotráfico, actividades ilegales, delitos, etc.), los Estados podrían dedicar así más recursos a la educación que a la violencia. Las economías que le han apostado a la educación como Japón, China, Finlandia, han logrado reconocer la niñez como un estadío importante para actuar y han crecido económicamente más rápido que aquellos países que aún le apuestan a la guerra.

3.2. La niñez es un tesoro

El desarrollo infantil y su desarrollo cognitivo van de la mano de las vivencias que los niños tienen en su entorno. La lactancia, como dije anteriormente, es vital para prevenir el contagio de enfermedades, pero aún más importante, promueve la salud mental tanto de la madre como de los hijos. El vínculo creado y la capacidad de reconocernos desde el nacimiento, permite mejorar el desempeño y el desarrollo de la especie humana.

Ahora bien, el momento de actuar es ahora. Debemos volcarnos a respetar, apoyar e incentivar la importancia de la familia en el desarrollo de los infantes. Los niños que logran crecer en ambientes mentalmente más saludables construyen una autoestima más fuerte y esto les permite tener muchas más competencias humanas y físicas para construir un futuro más próspero. Hablo de prosperidad desde la visión del equilibrio en todos los aspectos de la vida como un todo, no desde la parte monetaria

La forma que los niños aprenden es desde la observación del comportamiento de los adultos. Si los adultos no entendemos la importancia de nuestro comportamiento en el desarrollo de los niños, vamos a seguir deformándoles el futuro, partiendo del nivel de ignorancia que ha llevado a la existencia humana a permanecer en guerras y no conocer un crecimiento sostenible y sustentable.

La importancia de la educación en el ámbito familiar y social explican el rápido y el exitoso progreso económico que ha tenido China en las últimas tres décadas, al punto de ser reconocida por tener uno de los mejores sistemas educativos del mundo.

El sistema educativo es un sistema integral en el que los profesores, los padres y las autoridades educativas velan por el desarrollo y éxito de los alumnos. Así, la educación es gratuita y obligatoria en la primaria, que consta de seis años, y en la secundaria de primer ciclo de tres años. El ambiente escolar se desarrolla con enfoque de competitividad, dedicación y presión extrema donde lo único que importa es la calidad y ser el mejor.

China ha entendido que la base del desarrollo y progreso es la educación y, como consecuencia, anualmente invierte miles de millones de dólares al año en sus estudiantes. Así mismo, la exigencia es muy alta. Los estudiantes deben aprobar un examen para poder ingresar al segundo ciclo de la secundaria y luego, para ingresar a la universidad deben realizar el examen nacional más exigente, de mayor presión y competencia a nivel mundial, para el que se preparan toda su vida escolar y en el que está en juego su vida profesional, su posición social y su futuro.

Tienen 2145 instituciones de educación superior y 12 millones de estudiantes que entienden que la economía del mundo depende de lo que hacen con lo que saben. Su anhelo es prepararse y algún día devolverle a su país lo que ha hecho por ellos; crecen con la idea de retribuir a la sociedad todo lo que el país les ha dado.

Finlandia es otro ejemplo. Es un país en el que los políticos, los directores de colegios, profesores y universidades han entendido que su único recurso es la educación. Por eso, ese recurso debe tener toda la atención, los niños y los jóvenes son el cerebro del país. Todas las decisiones están orientadas a cumplir con un mismo objetivo: poder brindar a los niños un modelo de educación que los haga competitivos en el mercado internacional.

Como consecuencia de ese entendimiento han creado un sistema educativo tan fuerte y asombroso que cuenta con los más altos estándares de calidad a nivel mundial y es el número uno en casi todos los sistemas de calificación internacional. Este sistema se basa en la "Escuela Integrada", en la confianza y en el profesionalismo de los profesores.

La escuela integrada está dirigida a todos los jóvenes, les brinda las mismas posibilidades, las mismas oportunidades y el mismo currículo sin distinción económica, social o cultural. La educación se fundamenta en los principios de igualdad y equidad.

El Gobierno de cualquier país, establece el currículo base y los colegios tienen la libertad de adaptar y realizar su propio currículo y de tomar sus propias decisiones teniendo como principales herramientas la innovación y el emprendimiento, que deben estar en cada asignatura y en cada clase programática, al igual que el arte. Cada clase tiene un tiempo mayor y por día hay menos clases; esto permite que los alumnos tengan más tiempo para realizar sus proyectos y trabajar en los deberes académicos prioritarios.

En Finlandia los estudiantes aprenden a usar el conocimiento, lo que es más importante que aprender a repetir; aprenden a encontrar las respuestas por sí mismos.

La confianza juega un papel primordial ya que desde ahí se construye todo el sistema educativo de Finlandia. El ministro confía en que las municipalidades adopten y adapten el currículo nacional de acuerdo con sus necesidades. Las municipalidades confían en que las escuelas locales y los profesores harán lo correcto. Los profesores confían en que los estudiantes utilizan el tiempo adecuado para sus trabajos, el internet y otras tecnologías y los padres confían en el sistema educativo que forma a sus hijos para una vida rica, satisfactoria y productiva en la nueva economía global del conocimiento.

La confianza es tan alta que no tienen quién controle ni audite si los colegios y profesores están cumpliendo con su trabajo. Incluso, los estudiantes no tienen muchas evaluaciones ni tareas, lo que permite que cada alumno encuentre la mejor manera de aprender. Las clases se basan en el 60% estudiante y 40% profesor, permitiendo que los docentes se concentren en los jóvenes que más lo necesitan.

Por último, el profesionalismo de los docentes tiene una alta calidad. Para poder ser profesor es necesario que las personas tengan estudios de maestría, que cumplan con los altos estándares de admisión en los colegios. Solo los estudiantes con el más alto nivel de preparación y rendimiento llegan a ser profesores. Las prácticas de docencia se realizan directamente en el aula donde aprenden de los demás profesores, preparan sus clases y reciben retroalimentación al terminar la jornada; es decir, son estudiantes – profesores que se preparan para cautivar a todos sus estudiantes.

Los profesores son formadores del conocimiento, trabajadores en equipo que ven el salón de clases como un laboratorio para la continua innovación y que buscan cómo garantizar que todos los estudiantes accedan a los más altos niveles de educación. Ellos son los encargados de facilitar el trabajo colectivo de los estudiantes. Por eso la confianza que la sociedad finlandesa deposita en ellos.

Ser profesor es una profesión altamente demandada en Finlandia y a la que se dedican desde jóvenes hasta que se jubilan. Tienen una gran reputación y son un gremio con mucha fortaleza.

Lo que indica que se tiene admiración por el conocimiento. El saber y el respeto llevan a una sociedad a construir una confianza alta, a propender por un desarrollo sostenible y sustentable, creando sinergia a futuro, para que las nuevas generaciones tengan prosperidad.

Es una apuesta permanente por el desarrollo y la capacidad de trasmitir el conocimiento a este nivel sabiduría para que todos los ciudadanos de su país tengan una calidad de vida deseable por todos en el planeta.

La eduación es la herramienta más importante para construir un planeta sustentable. Una educación basada en el respeto que lleva a un alto nivel de conciencia, que luego les permite materializar la prosperidad en el momento actual y generar un futuro prometedor para todos.

3.2.1. El futuro es responsabilidad de los adultos

La familia es el núcleo de toda la sociedad y la forma más clara para transcender el aprendizaje que llevaremos en el planeta Tierra. Las empresas deben apoyar el desarrollo infantil, entendiendo la importancia de la familia, debemos promover ser empresas conscientes de nuestras familias y familiarmente responsables para que logremos estar en concordancia con el desarrollo evolutivo.

El descuido de las familias fracciona la unidad más importante de la sociedad. Las empresas están conformadas por personas y todas las personas que trabajan en ella tienen familias. Familias que es imperativo sanar para convertirlas en el mejor lugar para nuestros hijos.

Si cambiamos la apuesta actual, donde las empresas consumen todo el tiempo productivo de los miembros de las familias solo para producir, desconociendo el daño que se hace a los infantes por el abandono de sus padres y la incapacidad que tienen, en términos de tiempo, para afrontar las responsabilidad de criar a sus niños con su presencia como padres y que criar no sea una labor que en muchos casos se contrata con otro que le crie los hijos, se podría construir un planeta más sustentable.

Los niños no necesitan solamente calidad de tiempo; necesitan también cantidad. Y es de vital importancia, que el mundo empresarial sea coresponsable de la niñez haciendo como núcleo de desarrollo la sustentabilidad de las familias.

Se trata de que este compromiso no se quede en el papel o en un plan de objetivos a nivel mundial. Es necesario pasar del deseo de proteger a los niños y las familias a hechos concretos. Las empresas y los empresarios son responsables de perseguir, de manera incansable, metas solo materiales como acumulación de dinero y poder a cambio de la destrucción de muchas, millones de familias.

El sistema debe volcarse a entender que en los planes de negocios debemos incluir el bienestar de las personas que trabajan en las empresas; recordemos que a las empresas las conforman las personas. Y como ya lo mencionamos, cada individuo hace parte de una familia.

Establecer que los gerentes tengan habilidades para gestionar una empresa, asumiendo la idea de que es más importante estar en la empresa y descuidar la familia, por un resultado económico, es común. No obstante, todo es relevante: tanto la ganancia de las empresas como unidades de producción que permiten gestionar la riqueza e incluso la prosperidad de quienes trabajan, como el bienestar y la importancia de cubrir las necesidades de las familias.

Los niños de familias pobres abandonados por conseguir dinero para su sostenimiento, son igual de disdichados que los niños de familias con gran poder adquisitivo que pagan por la crianza de ellos y porque sus padres no pueden estar presentes por el mismo motivo: conseguir dinero. Todos los niños, al final de la historia, van a tener grandes huecos emocionales que los llevarán a no tener un equilibrio interior y exterior.

Es vital reconocer que las familias necesitan tiempo, cuidado y apoyo, de todos los agentes que intervienen con ellas. Hemos pasado siglos de guerras, separaciones abruptas, de miedos creados por las disfuncionalidades en las familias que van desde la violencia hasta el abandono, año a año. Y esto sin poder escribir una historia diferente.

La familia es el núcleo más importante y fundamental. Lograr un equilibrio entre la vida familiar y laboral, es el reto que debemos superar, dejando de lado las creencias de que el dinero es el centro de todo.

Trabajar en cooperación entre una comunidad para alcanzar la prosperidad y el desarrollo. Solo si somos capaces de anteponer el Ser ante el Ego y crear ambientes de soporte mutuo, para cumplir los sueños de las empresas y el desarrollo equilibrado de las familias, vamos a tener una infancia (tal vez utópica) con equilibrio mental, emocional y material.

3.3. Prosperidad y vejez

Hay ciertas culturas en las cuales los jóvenes cuidan a los ancianos y aprenden de ellos. Hay ciertos lugares en el mundo donde se les permite a los ancianos trabajar para formar empresa, como por ejemplo el Silicon Valley. Hay lugares en donde los ancianos hacen dinámicas de enseñanza a jóvenes, pero por el otro lado, hay una gran cantidad de lugares en el planeta donde el anciano es despreciado y olvidado.

La importancia de una pensión al finalizar la vida y una vejez digna radica en el cuidado de la población adulta y anciana.

En las culturas ancestrales se tiene un gran respeto por la población mayor; son ellos quienes poseen la sabiduría de lo vivido. La muestra viva de la historia, que si la repetimos volvemos a las guerras, destrucción, inconciencia, incapacidad de respeto. Es imperativo voltear la mirada a los sistemas de bienestar para los ancianos, ser capaces de transformar el desprecio por la vejez en banco de experiencias enriquecedoras para el crecimiento y así alcanzar un mayor nivel de conciencia.

Uno de los proyectos más innovadores con respecto a la ancianidad es "La casa que se adapta" o *"Home that Fits"*. Este proyecto se desarrolla en Finlandia y consiste en que a los jóvenes menores de 25 años se les permite vivir en un hogar para ancianos durante un año a un bajo costo, teniendo como única condición que dediquen de tres a cinco horas a la semana a sus vecinos ancianos.

El proyecto busca no solo ayudar a los jóvenes a encontrar vivienda a un precio razonable (Helsinki es una de las ciudades más costosas del mundo para arrendar un lugar), sino también proporcionar beneficios sociales a las personas mayores en el hogar. Las personas mayores tienen mucho que dar, tienen mucha experiencia, pero no tienen una vida social activa, por lo que la interacción con jóvenes les facilita compartir su sabiduría.

Según un informe de la Academia Nacional de Ciencias de los Estados Unidos en 2012, el aislamiento social y la soledad en los ancianos están asociados con el aumento de su mortalidad. De acuerdo con esto, en los Países Bajos se implementó un programa en el cual los estudiantes universitarios pueden vivir gratis en las residencias de ancianos, la única condición es que sean "buenos vecinos" por lo menos durante 30 horas al mes para evitar los efectos negativos del envejecimiento.

Cuando hablamos de evolución hablamos de poder llevar a los ancianos a la posibilidad de estar en paz, de trasmitir, de enseñar, de generar amor, de aprovechar su experticia, de crear lugares en donde se valore su conocimiento y sabiduría, de restablecerles el derecho de expresión, tratarlos con equidad y respeto porque sencillamente nos estamos perdiendo de una gran sabiduría. Debemos volver a lo ancestral donde el anciano es sabiduría. Hoy en día, el anciano es despreciado y es una carga; solo están para morirse. Debemos cambiar esa manera de verlos.

En China, en las familias conviven papá, mamá y los abuelos, con la gran ventaja de que los abuelos están todo el tiempo pendientes de la educación de los nietos. Esto hace que las familias sean un poco más unidas. Además, en las culturas antiguas como Japón y China, es muy claro el respeto que tienen a sus ancianos.

Si bien mi modelo ideal no es que uno viva con los abuelos, sí sería importante rescatar el respeto que se le tiene a las personas de tercera edad En este lado del mundo, ese respeto se ha perdido tanto que incluso en lugares como el Silicon Valley los ancianos son llevados a instituciones exclusivas para ellos.

De pequeños, los niños son cuidados por una niñera y en edad adulta los termina cuidando otra niñera. En mi concepto, ese mundo no está bien, por el simple hecho de que se "desperdicia" amor, sabiduría, conocimiento, sencillamente por no darle la atención y cuidado que nuestros abuelos merecen, por no hacerlos sentir amados.

Mi modelo de la economía de la evolución entiende el valor que tienen los ancianos, Darles y asegurarles sí o sí un mínimo de pensión, un mínimo de sostenibilidad, todo lo necesario con respecto a la salud y permitirles que sigan siendo productivos porque al pensionarse, según estudios, muchos se mueren por la inactividad pues llega un momento en que ésta hace que la persona pierda su autoestima, pierda sus habilidades cognitivas y termine acabando con la vida.

En los sistemas económicos generalmente no se busca que los adultos mayores duren mucho tiempo porque son una carga económica. Por esto deberíamos pensar en alternativas para mantener su sabiduría y deberíamos volver a entender que sí o sí ellos hacen parte del saber económico, cultural e histórico y que su experiencia puede generar mayor madurez tanto en los jóvenes y los niños, como en las mismas familias.

Los gobiernos saben que los costos económicos del cuidado de la población mayor son altos. Es por esto que en Finlandia resuelven el problema manteniendo a los mayores físicamente activos y socialmente involucrados. El gobierno garantiza que no tengan que vivir en pobreza; les proveen instalaciones de fácil acceso y con descuentos en su valor, lo que les facilita disfrutar del transporte público, el ejercicio en piscinas, gimnasios y parques, y visitar museos, bibliotecas y teatros. Disfrutan de eventos sociales, viajes programados y, cada vez más, hacen parte de programas de voluntariado que apoyan a otras personas mayores y a niños en edad escolar. Igualmente, las viviendas se han venido ajustando a las necesidades de los ancianos, tales como las viviendas colaborativas, innovadoras y autosuficientes.

3.4. Cambios en el enfoque económico

Mi propuesta es crear entre todos lo que llamo la Economía responsable, Capitalismo justo, Sin dictaduras, con Equilibrio y con el Respeto como centro de todo. Respeto por cada individuo y por su crecimiento, respeto y valoración por la niñez, siendo el presente más importante. Respeto por el cuidado de nuestra madre tierra. Y todo, desde reconocer que la dimensión más importante para alcanzar un mayor nivel o crecimiento económico en las sociedades es entender que la sociedad está conformada por individuos que tienen la capacidad de generar esa dimensión económica que se traduce en capacidad de monetizar las habilidades aprendidas, el conocimiento sin los miedos y defectos que se han apropiado a lo largo de la vida.

$$Individuo = Dimensión\ Económica$$
$$= Capacidad\ de\ monitizar\ (Habilidades$$
$$+ Conocimiento - Miedos - defectos)$$

Esa dimensión personal se ha dado desde el seno familiar, el entorno y que comienza desde la niñez, porque todos los conocimientos adquiridos, los valores aprendidos, los comportamientos de autoridad y afecto aprendidos, las experiencias vividas que quedan instaladas como la estructura de cada individuo, es lo que lo lleva a crear la realidad que desee, consciente o inconscientemente y que, para cambiar o trabajar en su desarrollo espiritual y alcanzar un mayor nivel de conciencia a nivel planetario, esa dimensión personal cobra importancia y nos lleva inmediatamente a tener que comprometernos por trabajar por una niñez sin experiencias violentas, por el respeto de todos los individuos, por las familias y su salud mental, emocional, económica.

$$Dimesión\ Económica\ (Dimensión\ personal)$$
$$= \sum dimensión\ personal\ de\ n\ individuos$$

La dimensión personal debe ser el foco para generar autoconocimiento, valorar el mundo interior y exterior de todos; para tener experiencias que sanen a nivel planetario todas las heridas abiertas por el pasado e incluso, reconocer que la dimensión personal, nos lleva a un nivel más cercano de satisfacer las necesidades básicas, más desde la verdadera riqueza que es la prosperidad en amor y comprensión y no solamente desde la acumulación de bienes y propiedades.

Dimensión personal
= (valores aprendidos
± comportamientos de auto y afecto
± experiencias de vida ± conocimientos

Trabajar en la dimensión personal es sanar las figuras de autoridad y afecto. Es reconocer, aceptar, valorar las experiencias de vida para transmutar el sufrimiento y lograr hacer los duelos necesarios para alcanzar la paz interior desde esas experiencias; reconocer que manejar una sociedad desde el Ego nos lleva a la destrucción. Permitir que por medio del autoconocimiento de los individuos a nivel planetario, de sanar relaciones, de aportar al equilibrio desde el trabajo interior, podamos reconocer el propósito de la existencia humana. Es el mayor reto que tienen los líderes, las empresas y la sociedad misma.

La sociedad basada en Egos no permite que seamos una especie sustentable en el tiempo; su capacidad de destrucción es superior a la capacidad actual de construcción que tiene la misma sociedad. Por eso, es que es vital unir la economía y el crecimiento espiritual en un solo camino.

Solo si nos permitimos entender que el individuo necesita dejar de vivir desde su Ego y concertar el crecimiento espiritual y personal, para construir una sociedad llena de expresiones del Ser, desde la comprensión, la compasión, el respeto y la valoración del otro. Esto nos puede llevar a crear una economía consciente de que desde la dimensión personal se logra un mayor nivel de conciencia en cada individuo y así logremos una economía en la que la sociedad se controle en promover el consumo responsable, la producción adecuada, el uso de la tierra y el suelo solo con fines de prosperidad planetaria y no de riqueza individual.

La incapacidad de evitar la destrucción masiva de los recursos ambientales y de parar la violencia, provienen de la incapacidad de manejar el Ego. El Ego de los líderes, es el que evita estar en servicio. Lleva a las grandes masas a reaccionar desde las creencias, nos demora el desarrollo de conciencia a nivel planetario. Cada vez es más importante ser ciudadanos conscientes de la dimensión personal para que logremos un camino diferente y seamos una especie sustentable.

¿Sí estamos funcionando como sociedad o nos estamos llevando a la misma extinción?

¿Si como planeta no funcionamos, qué debemos hacer para funcionar?

Llevamos muchos, cientos, miles de años en guerra. ¿Tenemos la posibilidad de dejar de estar en guerra o, la guerra va a seguir siendo una posibilidad para la reactivación económica?

3.5 Liderando desde la conciencia

Apartir de todo lo expuesto y viendo la responsabilidad de los lideres para la construcción de un planeta sostenido y sustentable, se necesitan cambios en todos los niveles, aceptando el reto de la equidad, el respeto, el cuidado, dejar de desconocer la saldo de los Egos y el camino a la destrucción del planeta, de las familias, a la creación de la violencia que ha permanecido a lo largo de la existencia humana.

Necesitamos que todos y cada uno de los lidres, empresarios, gobernantes, se acerquen a un mayor nivel de conciencia, que dejen de anteponer el Ego y construyamos un planeta donde el respeto por la vida, la familia, la niñez, la mujer, la vejez, dejen de ser planes en un papel y pasen a ser acciones.

Hay que reconocer que cada uno tiene el poder en sus manos, que el cambio está en entender el mundo interior y dar el lugar al crecimiento personal y espiritual con herramienta de gestión. Los Egos han gobernado por millones de años y si bien hemos avanzado en ciencia, tecnología, es hora de avanzar en ser una especie humana armónica, sin importar la raza, el género, la edad o las clases sociales.

Los lideres tienen una gran responsabilidad en gestionar el cambio, en crear espacios para la equidad, en respetar la niñez y las familias, en hacer un alto en el camino y planear el mundo desde un nivel de conciencia superior, que realmente busque terminar la pobreza. En Especial la pobreza mental y espiritual, en construir caminos para que la economía no sea la escusa para destruirnos.

Pensar en una sociedad donde el planeta no necesite fronteras porque no somos un peligro, los unos para los otros, en fomentar la solidaridad, la colaboración y muy especialmente el amor como estado de comprensión para evolucionar.

Somo producto de todo aquello que no hemos sanado en nuestro interior, de los resentimientos que no se dejan atrás, de los miedos que nos llevan a atacar, de la necesidad de atesorar sin pensar en los demás. Mi propuesta es trabajar por ser un mundo donde nos ayudamos a sanas, en cambiar el resentimiento por la comprensión, en apoyarnos como especie humana, en transformar nuestro pensamiento para construir y poder crear prosperidad y riqueza desde esa dimensión personal

Cada uno es responsable de su dimensión personal y cada líder puede comenzar por elevar su nivel de conciencia, trabajar en su espacio interior y comprender su Ego, para transformar su espacio, su entorno y así lograr transformar nuestro planeta en un lugar donde la muerte, la destrucción no sea noticia diaria.

Busquemos que las academias dejen de ver las habilidades blandas como algo intangible, es tan tangible como la destrucción que hemos creado, que las escuelas de liderazgo y el sistema escolar construya currículos para generar ciudadanos concientes, con habilidades que permitan acceder a la inteligencia emocional, tan mencionada y estudiada por Goleman, que descubran el propósito de la vida no como un plan de negocio, sino como un plan de creación de prosperidad a nivel planetario. Que las empresas e instituciones validen en el día a día la equidad para la mujer, que respetemos y valoremos las familias como el núcleo central y vital de nuestro desarrollo.

Es hora de hacernos responsables de nuestro crecimiento espiritual, personal y planetario.

Maria Alexandra Suárez Ríos.

Bibliografía

ABC. (7 de Octubre de 2013). *Harvard se rifa a los niños educados en casa.* Recuperado el 22 de Octubre de 2020, de ABC: https://www.abc.es/familia-padres-hijos/20131007/abci-homeschooling-educacion-familia-201309231231.html?ref=https:%2F%2Fwww.google.com%2F

Andrew Steptoe, A. S. (9 de Abril de 2013). *Social isolation, loneliness, and all-cause mortality in older men and women.* Recuperado el 27 de Octubre de 2020, de PNAS: https://www.pnas.org/content/110/15/5797.full

Aula Planeta. (5 de Febrero de 2018). *Homeschooling: educando en casa.* Recuperado el 21 de Octubre de 2020, de Aula Planeta: https://www.aulaplaneta.com/2018/02/05/en-familia/homeschooling-educando-casa/

Canal Once. (3 de Noviembre de 2014). *Documental - China, el gigante asiático. Educación, la clave del progreso.* Recuperado el 27 de Octubre de 2020, de YouTube: https://www.youtube.com/watch?v=xDE5SZyt7tw&feature=youtu.be

Colegio Blest Gana. (30 de Diciembre de 2012). *El Fenómeno de Finlandia - Educación*. Recuperado el 26 de Octubre de 2020, de YouTube: https://www.youtube.com/watch?v=nDXDrvd1utE&feature=youtu.be

Global Connection. (s.f.). *Educación en Casa o Homeschool*. Recuperado el 21 de Octubre de 2020, de Global Connection: https://www.estudieenelexterior.com.co/programas/educacion-en-casa

Macguire, E. (21 de Enero de 2016). *Jóvenes obtienen alquileres baratos en hogar de ancianos en Finlandia*. Recuperado el 20 de Octubre de 2020, de CNN: https://cnnespanol.cnn.com/2016/01/21/jovenes-obtienen-alquileres-baratos-en-hogar-de-ancianos-finlandes/

OIT. (s.f.). *¿Qué tan grande es la brecha salarial de género en su país?* Recuperado el 22 de Octubre de 2020, de Organización Internacional del Trabajo: https://www.ilo.org/global/about-the-ilo/multimedia/maps-and-charts/enhanced/WCMS_650872/lang--es/index.htm

OIT. (26 de Noviembre de 2018). *El crecimiento mundial del salario registra el nivel más bajo desde 2008 mientras que las mujeres todavía ganan 20 por ciento menos que los hombres*. Recuperado el 22 de Octubre de 2020, de Organización Internacional del Trabajo: https://www.ilo.org/global/about-the-ilo/mission-and-objectives/features/WCMS_650648/lang--es/index.htm

OMS. (Agosto de 2017). *10 datos sobre la lactancia materna.* Recuperado el 20 de Octubre de 2020, de Organización Mundial de la Salud : https://www.who.int/features/factfiles/breastfeeding/es/

OMS. (s.f.). *Lactancia materna.* Recuperado el 20 de Octubre de 2020, de Organización Mundial de la Salud : https://www.who.int/maternal_child_adolescent/topics/newborn/nutrition/breastfeeding/es/#:~:text=La%20leche%20materna%20promueve%20el,restablecimiento%20en%20caso%20de%20enfermedad

ONU. (s.f.). *17 objetivos para transformar nuestro mundo.* Recuperado el 22 de Octubre de 2020, de Organicación de las Naciones Unidas: https://www.un.org/sustainabledevelopment/es/

ONU. (s.f.). *La Declaración Universal de Derechos Humanos.* Recuperado el 23 de Octubre de 2020, de Organización de las Naciones Unidas: https://www.un.org/es/universal-declaration-human-rights/

OPS. (s.f.). *Beneficios de la lactancia materna.* Recuperado el 20 de Octubre de 2020, de Organización Panamericana de la Salud : https://www.paho.org/hq/index.php?option=com_content&view=article&id=9328:breastfeeding-benefits&Itemid=42403&lang=es

Reed, C. (5 de Abril de 2015). *Dutch nursing home offers rent-free housing to students.* Recuperado el 27 de Octubre de 2020, de PBS:

https://www.pbs.org/newshour/world/dutch-retirement-home-offers-rent-free-housing-students-one-condition

Sanmartín, O. (16 de Febrero de 2015). *Educar sin escolarizar*. Recuperado el 22 de Octubre de 2020, de El Mundo: https://www.elmundo.es/espana/2015/02/16/54e0cf70e2704e6c038b4586.html

UNICEF. (s.f.). *Beneficios de la Lactancia materna*. Recuperado el 20 de Octubre de 2020, de UNICEF: https://www.unicef.org/Beneficios_de_la_Lactancia_Materna(1).pdf

Weaver, F. (Agosto de 2016). *Envejercer activamente es posible en Finlandia*. Recuperado el 27 de Octubre de 2020, de This is Finland: https://finland.fi/es/vida-y-sociedad/envejecer-activamente-es-posible-finlandia/

Otros títulos del autor:

- "The Power of Self": Transforming your life, A look inside, mayo 2020
- El Poder del Ser, Transformando tu vida, una mirada interior, 2020, Mayo 2020
- Cartilla Planeación Estratégica desde el Ser Humano PEISH®, 2018,
- Una vida llena de amor, 2018, Autores: Maria Alexandra e Ivonne Stella Suárez-Rios.

www.ingramcontent.com/pod-product-compliance
Lightning Source LLC
Chambersburg PA
CBHW070416220526
45466CB00004B/1427